Falk Link

Gedichte zum Schmökern

Falk Link

Gedichte zum Schmökern

Nachdenkliches über die Liebe und ihre Kraft als auch über Beziehungen für lange Herbst- und Winterabende in Familie

Goldene Rakete Verlag für Belletristik

Imprint
Any brand names and product names mentioned in this book are subject to trademark, brand or patent protection and are trademarks or registered trademarks of their respective holders. The use of brand names, product names, common names, trade names, product descriptions etc. even without a particular marking in this work is in no way to be construed to mean that such names may be regarded as unrestricted in respect of trademark and brand protection legislation and could thus be used by anyone.

Cover image: www.ingimage.com

Publisher:
Goldene Rakete Verlag für Belletristik
is a trademark of
International Book Market Service Ltd., member of OmniScriptum Publishing Group
17 Meldrum Street, Beau Bassin 71504, Mauritius

Printed at: see last page
ISBN: 978-620-2-44310-4

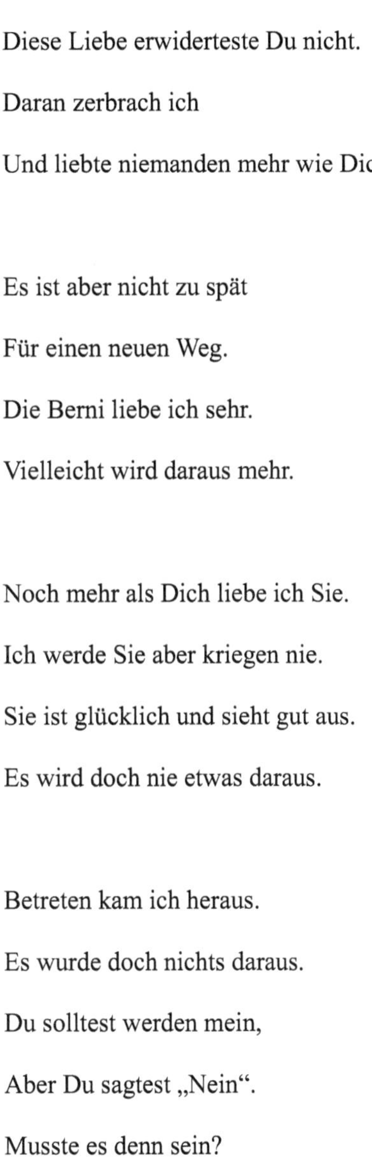

Unerfüllte Liebe

Ich liebte Dich inniglich.

Diese Liebe erwiderteste Du nicht.

Daran zerbrach ich

Und liebte niemanden mehr wie Dich.

Es ist aber nicht zu spät

Für einen neuen Weg.

Die Berni liebe ich sehr.

Vielleicht wird daraus mehr.

Noch mehr als Dich liebe ich Sie.

Ich werde Sie aber kriegen nie.

Sie ist glücklich und sieht gut aus.

Es wird doch nie etwas daraus.

Betreten kam ich heraus.

Es wurde doch nichts daraus.

Du solltest werden mein,

Aber Du sagtest „Nein“.

Musste es denn sein?

Zu schüchtern

Nachdenken muss ich.

Unglücklicherweise über Dich.

Passen wir bestens zusammen?

Diese Gedanken kamen.

Schlanke Gestalt, graziöser Gang

So kamst Du heran.

Dein wohlgeformter Mund öffnete sich

Und an hauchtest Du mich.

Dann begannst Du etwas zu fragen,

Aber ich konnte nichts sagen.

Ich sah Dich stumm an.

Und dann

Davon schwebte Du

Und ich blieb hier.

Alte Erinnerungen

Ansehen tat ich Sie

Und glaubte, ich spinn, meine Gedanken hatten einige Müh.

Schlanker Wuchs, gut gebaut, & graziöser Gang

So kam Sie heran.

Ihre blauen Augen verzauberten mich

Und ich dachte an Dich,

Mein kleiner Floh,

Du ähnelst ihr so.

Überall aber besonders in meinem Herz

Spürte ich den großen Schmerz.

Eine so große Leere spürte ich

Ähnlich zu der, als ich verlor Dich.

Viele Freunde halfen mir den Schmerz zu überwinden

Und einen neuen Sinn zu finden.

Ich muss Ihr Bild aus meinen Gedanken verbannen

Und haste von dannen.

Down

Da steh ich nun ich alter Tor
Und nichts ist wie zuvor.
Du stießest mich in den Dreck
Und gingst weg.

Die Probleme bleiben hier -
Bei mir.
Auf der Wohnung lastet ein Kredit.
Mein Gehalt ist nicht der Hit.

Kredite für Couch und Auto haben Du und ich.
Du denkst aber nur an Dich.
Machst schlapp
Und haust ab.

Frühlingsabschied

Die Bäume blühen schön,

Aber ich muss jetzt gehen.

Ein letzter Blick

Zu Dir zurück.

Wir haben beide erlebt,

Wie man sich nach langen Jahren auseinanderlebt.

Nun ist es Zeit Adieu zu sagen

Und seine Last alleine zu tragen.

Ein verliebter und scheuer Blick zurück zu Dir,

Bevor ich nehme ein Taxi mir.

Unerwünschte Liebe

Mein Leben muss ich leben,

Um die Erinnerungen an Dich anderen Menschen weiterzugeben.

Ich sehe zum Fenster hinaus.

Es ist ein Graus.

Es ist Grau in Grau

Und es regnet wie Sau.

Die Leute, die raus müssen beneide ich nicht.

Ich sitze in meinem weichen Sessel und denke an Dich.

Was machst Du jetzt?

Hasst Du mich wie die Pest?

Dich kränkte ich

Und Du verließest mich.

Es war dumm von mir.

Ich wünschte, Du wärst jetzt hier.

Gott, kannst Du mir sagen?

Sollen wir einen Neuanfang wagen?

Du warst mir nicht geheuer.
Du spieltest mit dem Feuer.
Wir begannen eine Beziehung,
Die es geben sollte nimmer.

Wie weit können wir dieses Spiel noch treiben,
Ohne unter den Folgen zu leiden?
Du musst Dich nun entscheiden.
Willst Du mich oder ihn,
Dann geh zu ihm hin!

Zweite Chance

Die Liebe ist so wunderbar schön
Und sie kann ganz verschlungene Wege gehen.
Niemand wird sie jemals ganz verstehen.
Sie wird ihre eigenen Wege gehen.

Sie folgt keiner Rationalität.
Sie kommt aus unseren Herzen.
Und ruft hervor großes Glück oder Schmerzen.
Niemand wird die Liebe je verstehen.
Sie wird ihre eigenen Wege gehen.

An der Bar saß ich und trank.
Ich fand.
Ansprechen sollte ich sie.
Jetzt oder nie.

Und zielsicheren Schrittes ging ich sodann
In den Tanzsaal hinein
Und fand sie nicht allein.

Ein Herr tanzte mit ihr – eng umschlungen.

Mein Schädel begann zu brummen.

Zuviel trank ich vorher.

Mein Herz wurde mir schwer.

Was fand sie an diesen alten Herrn schön?

Ich drehte mich um, um zu gehen.

Zur Garderobe ging ich sodann,

Da sprach mich jemand an.

Mein Kopf drehte sich

Und ich schaute in ihr Gesicht.

Sie sagte dann:

„Oh, mein lieber Mann.

Wollen wir nicht eine flotte Sohle drehen und heiter sein,

Danach können wir den Abend fortsetzen – daheim.“

Anflehen

Was machen wir nur ohne Dich?

Du liebtest mich.

Dich brauche ich.

Ich lehne mich an Dich.

Bitte verlasse mich nicht!

Unerwartetes Wiedersehen

Auf der Party tanzten Sie und ein er.

Wo kommt sie nur her?

Woher kenne ich sie nur,

Ich alter Tor?

In der Straßenbahn traf ich sie

Und war weg und hin und wie.

Vergessen konnte ich nicht

Ihr gut geschnittenes Gesicht und blondes Haar.

Ich verliebet mich in sie. - Na klar.

Aber ich sprach Sie nicht an

Und ging von dan.

Jetzt traf ich sie wieder

Und ging zu ihr herüber.

Verlieren durfte ich sie nicht noch einmal.

Das war mir klar.

Du

Ich träumte nur von Dir,

Aber Du bist nicht mehr hier.

Nach einem Streit verließest Du mich.

Ich hasse Dich,

Weil Du denkst wahrscheinlich nicht mehr an mich.

Verlegenheit

Fassungslos und gebannt sehe ich sie an.

Doch was sage ich sodann.

Solch ein Mädchen habe ich lange nicht gesehen,

Aber wie sollte es gehen?

Ich merkte sodann.

Ich starrte sie schon eine Weile an.

Sie musste es mitbekommen haben.

Was sollte ich zu meiner Entschuldigung sagen?

Ich konnte mich von ihrem Blick lösen. – Wunderbar

Und ging zur Bar.

Liebe Lilia

Wir hatten etwas Pech in der letzten Zeit,
Aber nun sollte es sein soweit,
Dass wir uns entschließen
Und das Leben genießen.

Das Pech hinter uns lassen.
Das Gewesene nicht hassen.
Schauen wir nach vorn und nicht zurück
Und hoffen auf das große Glück.

Ich kenne Dich lange schon
Und muss sagen, Du bist eine wundervolle Person,
Damals sprachst Du mich an
Und eine sehr gute Freundschaft begann.

Vielleicht fühlte ich auch mehr für Dich,
Aber in Deinem Herzen war kein Platz mehr für mich.
In Deiner Nähe konnte ich so frei sein,
Aber Du warst nicht mein.

Einen anderen Menschen liebtest Du mehr

Und warst ihm zugetan sehr.

Jeder musste dies glauben.

Das Glück schimmerte in Deinen Augen.

Du schwebtest durch die Welt trotz Neider.

Warst sehr unbeschwert und heiter.

Du liebtest ihn sehr

Und wolltest ihn nie geben her.

Die Hochzeit plantest Du mit Elan,

Aber es passierte sodann.

Dein Liebster wollte Dich nicht mehr

Und das Herz wurde Dir schwer.

Deine heile Welt zerbrach in viele kleine Stücke,

Dass er konnte einfach so machen die Mücke.

Versuch nicht mehr zu denken daran

Und gehe neue Dinge mit Deinem Elan an,

Dann wirst Du Erfolg haben.

Die Bürden dieser Welt leichter zu tragen.

Eine wundervolle Person bist Du
Und ich denke an Dich immerzu.
Wenn ich mich fühle in China verlassen und allein.
Ich lasse meine Gedanken schweifen und denke an daheim.

Was wirst Du machen? Wo wirst Du sein?
Bist Du unterwegs oder daheim?
Ich kann schwören.
Ich möchte Deine Freundschaft nie verlieren.
Eventuell fühlte ich mehr für Dich,
Aber Du hast einen mehr ausgeglichenen Freund verdient als mich.

Ich kann nicht stillstehen und rasten.
Muss immerzu weiter hasten.
Neue Herausforderungen/Chancen suchen
Um das große Glück zu buchen.

Mit diesem Gedicht möchte ich Dir sagen,
Dass ich Dich tue, ganz toll lieb haben.
In lebenslanger Freundschaft Dir verbunden sein.
Vielleicht wird auch mehr daraus,
Wenn ich bin wieder im Haus.

Verletzte Gefühle

Ein Junge stand verlassen und stumm

Auf dem Schulhof herum.

Er tat mir leid.

Ich beobachtete ihn einige Zeit.

Die Kinder schubsten und sprangen.

Sie gingen und kamen.

Es tobte das lustige Leben

Und nur ihm wollte es keine Aufmerksamkeit geben.

Zu ihm ging ich ganz langsam

Und sprach ihn an.

Sodann drehte herum er sich

Und sah an mich.

Warum er so traurig sei, fragte ich ihn

Und ging noch näher zu ihm hin.

Es geht nur ihn etwas an, war seine Antwort

Und er schubste mich fort.

Ich sprach leise auf ihn ein
Und fühlte mich machtlos und klein.
Eine tröstende Person brauchte er jetzt.
Das stand fest.

Es war sehr viel Mitleid mit ihm im Spiel,
Doch ich hatte auch ein so komisches Gefühl.
Ich zweifelte daran,
Ob ich ihm helfen kann.

Er schaute mich immer noch nicht an,
Aber sodann
Fing er zu weinen an.

Herum drehte er sich
Und kam zu auf mich.
Ich nahm ihn in meinen Arm
Und hielt ihn fest und warm.

Er hatte die Trennung seiner Freundin zu verkraften.
Das musste stark auf ihn lasten.
Er liebte sie sehr.

Das macht es besonders schwer.

Es ist noch schwerer ertragbar,

Dass es sein bester Freund war.

Er schnappte sie ihm weg

Und beide zogen ihn durch den Dreck.

Er wollte leben nicht mehr,

Denn seine einzigsten Freunde verlor er.

Auf die Schulter klopfte ich ihn freundschaftlich

Und sagte, hast doch jetzt mich.

Er sah mich an mit seinen blauen Augen

Und konnte es kaum glauben.

Über seine Lippen kam ein herzliches Dankeschön,

Um dann in einer Umarmung aufzugehen.

Die Schulglocke riss uns aus unseren Träumereien

Und so gingen wir in die Schule hinein.

Liebesbekenntnis

Ich fühle mich sehr erhaben in diesem Augenblick
Und ging mit ihr zur Tanzbühne zurück.
Eng umschlungen tanzten wir
Jetzt und hier.

Ich bin ehrlich.
Es war wunderschön und herrlich,
Als sie sagte in mein Ohr.
Ich hatte Augen für Dich nur.

Ich beobachtete Dich schon eine lange Zeit,
Aber nun ist es soweit.
Ich liebe Dich
Und ich lese in Deinen Augen
Du auch mich.

Verlorene Liebe

Ich sitze nun alleine hier.
Doch meine Gedanken sind bei Dir.
Was wirst Du machen?
Kannst Du noch so fröhlich lachen?

Wir hatten viel Spaß miteinander,
Doch es ging auseinander
Oder bildete ich mir nur ein,
Dass Du mich betrogest daheim?

Ich verdächtigte Dich
Und dann ging ich.
Ich wollte nicht mehr sprechen mit Dir.
Das Herz zerbrach mir.

Ich liebte Dich doch sehr
Und wollte Dich nie geben her.
Mein Verstand setzte aus
Und ich ging nach Haus.

Du kamst zu mir

Und klingeltest an meiner Tür.

Du wolltest wissen, was los ist mit mir.

Ich verwies Dich der Tür.

Dies gab unserer Beziehung den Todesstoß.

Nun ist das Gejammer bei mir groß.

Ich verlor meinen größten Schatz, nämlich Dich,

Und hasse dafür mein Temperament und mich.

Dieser Schritt zerstörte mein bisheriges Leben,

Aber ich darf mich nicht aufgeben.

Liebe

Ich sah in ihre lustigen Augen.

Sie konnten mir fast den Verstand rauben.

Etwas Zauberhaftes lag darin,

Aber auch ein tiefgründiger Sinn.

Ein Schimmer lag darin,

Welcher mir raubte den Sinn.

Sehr lange - zu lange sahen wir uns an

Und was würde geschehen dann?

Was kommt danach,

Darüber dachte ich nach.

Sehr niedlich aussehen tat sie, ich wollte mehr.

Mein geringes Selbstvertrauen machte es mir schwer.

Warum ging ich nicht hin?

Das kam mir nicht in den Sinn.

Zu schüchtern war ich.

Ich würde nie bekommen Dich.

Du gingst hinaus.

Und sahst traurig aus.

Ich kehrte mich wieder den CD zu,

Aber ich hatte keine Ruh.

Du gingst mir nicht aus den Sinn.

Wo gingst Du jetzt hin?

Ich ging schnell hinaus.

Oh Gott! Oh Graus!

Da stehst Du.

Kommst auf mich zu.

Du strahlst mich an.

Was passiert mit mir sodann?

Einen phantastischen Körper hast Du.

Ich betrachte ihn mir in aller Ruh.

Ich kann den wunderschönen Anblick nicht ertragen.

Was soll ich nur sagen?

Inzwischen kamst Du bei mir an

Und fragtest sodann.

Wollen wir nicht ein Eis zusammen essen?

Ich könnte Dich mit meinem Blick fressen.

Unsere Blicke sagen ganz genau.
Was wir versuchen, zu verbergen ganz schlau.
Ich liebe Dich.
Und Du mich.
Liebe auf den ersten Blick.
Ist das nicht verrückt?

Warum empfindest Du Liebe für mich?
Ich sehe langweilig aus
Und gehe nie aus.
Warum ist jetzt müßig zu fragen.
Ich will Dich bis ans Lebensende ertragen.
Alles von Dir haben.

Du bist so stark, so schön.
Mir Dir möchte ich gehen.

Unerfüllte Liebe

Da liege ich nun

Und frage mich, was zu tun.

Ich habe Dich gesehen

Und Du willst nicht mehr aus dem Kopf gehen.

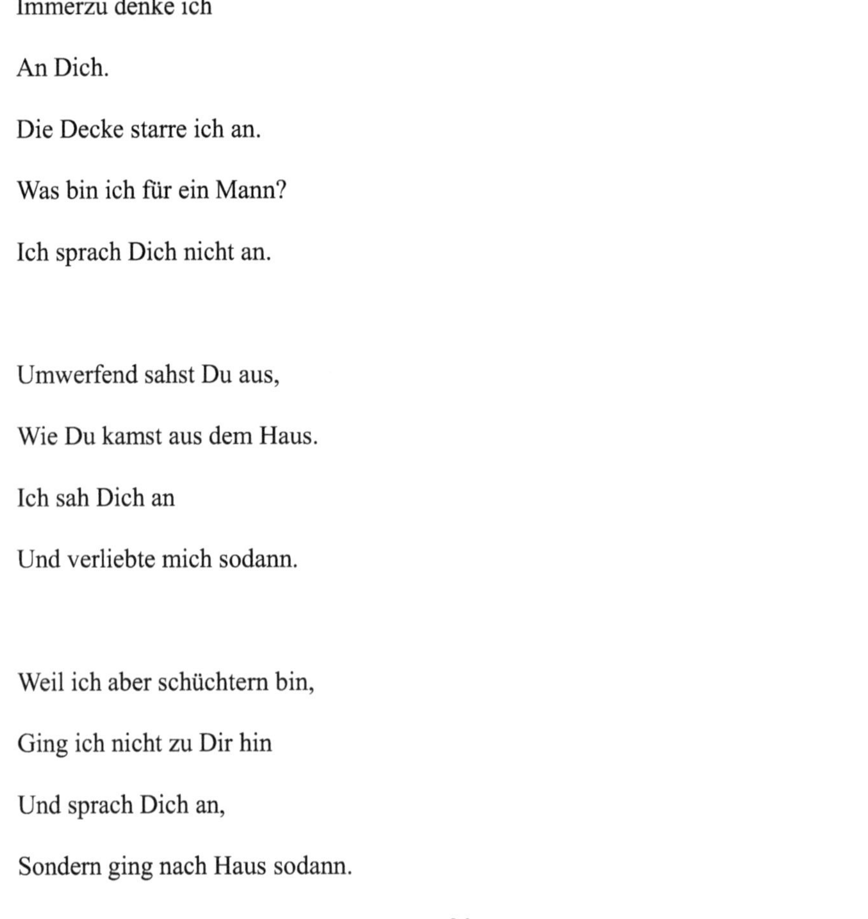

Immerzu denke ich

An Dich.

Die Decke starre ich an.

Was bin ich für ein Mann?

Ich sprach Dich nicht an.

Umwerfend sahst Du aus,

Wie Du kamst aus dem Haus.

Ich sah Dich an

Und verliebte mich sodann.

Weil ich aber schüchtern bin,

Ging ich nicht zu Dir hin

Und sprach Dich an,

Sondern ging nach Haus sodann.

Ich und sie

Der Griff nach den Sternen

Bedeutet lernen und lernen.

Freunde geben mir Kraft.

Das Ziel wird geschafft.

An sie denke ich,

Wenn ich mühe und strapaziere mich.

Noch mehr denke ich an Dich.

Vergiss mich jetzt nicht!

Ich habe jetzt für Dich nicht viel Zeit,

Aber hoffentlich bald, bald, bald.

Betrogen?

Wert bist Du es vielleicht nicht,

Denn ich sah Dich,

Zusammen mit ihm an der Ecke stehen

Und danach mit Dir nach Hause gehen.

Unrecht tue ich Dir vielleicht,

Weil ich es nicht genau weiß.

Diese Ungewissheit schmerzt so sehr.

Komm wieder zu mir her!

Ich möchte mich an Dich kuscheln

Und in Dein Ohr nuscheln.

Ich liebe Dich sehr, sehr, sehr

Komm wieder zu mir her!

Ich werde sonst vor Gram vergehen

Und wer soll mir da beistehen?

Verlassen sitze ich hier

Und frage mich, was will ich von Dir.

Liebe ich Dich

Oder doch nicht?

Willst Du überhaupt mich?

Darüber zerbreche ich mir den Kopf.

Ich armer Tropf.

Was tun?

Ich sehe sie fassungslos an.

Wie spreche ich sie an?

Sehr faszinieren mich Stupsnase und Pausbacken,

Aber wie machen?

So ein Mädchen habe ich lange nicht gesehen,

Aber wie sollte es gehen?

Unendlicher Schmerz

Warum willst Du nichts mehr von mir wissen?

Wirst Du mich nicht vermissen?

Ich vermisse Dich sehr

Und wünsche Dich her.

Mit Dir möchte ich zusammen sein.

Tritt wieder in mein Leben hinein!

Treffe mich!

Sehr vermisse ich Dich.

Und wünsche Dich her.

Getrennt sein von Dir, fällt mir schwer.

Schmerzlich vermisse ich Dich.

Enttäuschte ich Dich?

Warum verliest Du mich?

Das weiß ich bis heute nicht.

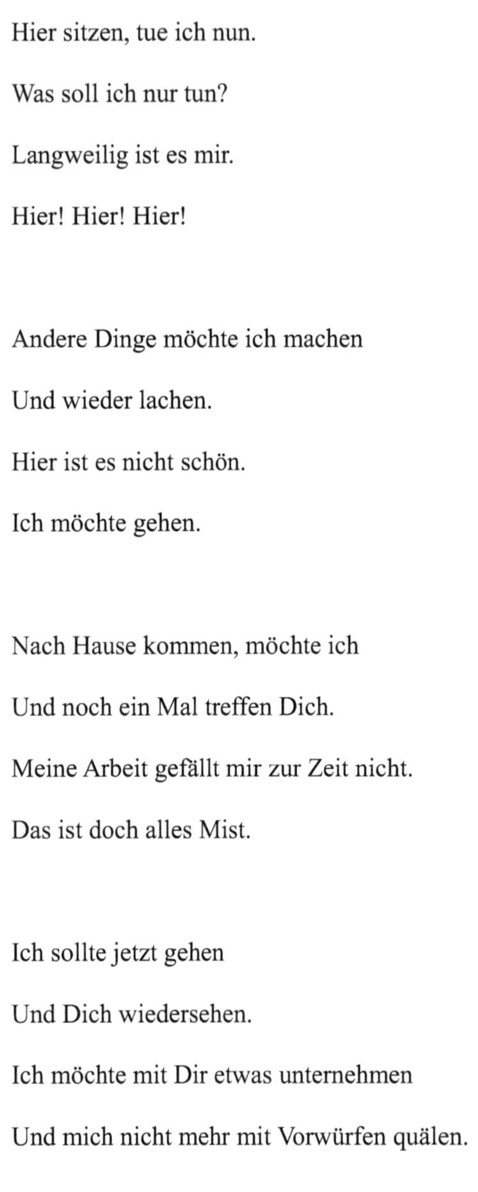

Selbstzweifel

Hier sitzen, tue ich nun.

Was soll ich nur tun?

Langweilig ist es mir.

Hier! Hier! Hier!

Andere Dinge möchte ich machen

Und wieder lachen.

Hier ist es nicht schön.

Ich möchte gehen.

Nach Hause kommen, möchte ich

Und noch ein Mal treffen Dich.

Meine Arbeit gefällt mir zur Zeit nicht.

Das ist doch alles Mist.

Ich sollte jetzt gehen

Und Dich wiedersehen.

Ich möchte mit Dir etwas unternehmen

Und mich nicht mehr mit Vorwürfen quälen.

Kuschelzeit

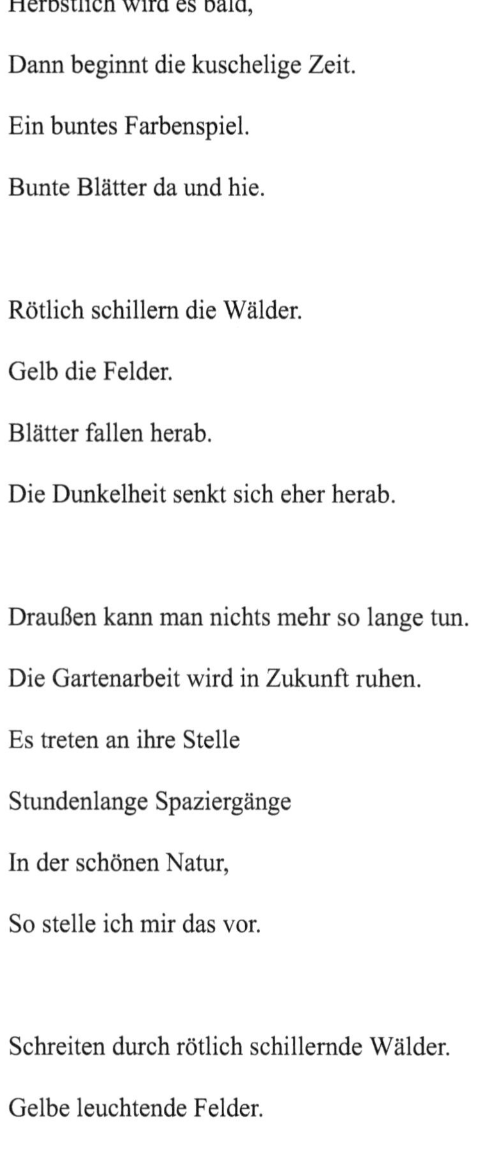

Herbstlich wird es bald,

Dann beginnt die kuschelige Zeit.

Ein buntes Farbenspiel.

Bunte Blätter da und hie.

Rötlich schillern die Wälder.

Gelb die Felder.

Blätter fallen herab.

Die Dunkelheit senkt sich eher herab.

Draußen kann man nichts mehr so lange tun.

Die Gartenarbeit wird in Zukunft ruhen.

Es treten an ihre Stelle

Stundenlange Spaziergänge

In der schönen Natur,

So stelle ich mir das vor.

Schreiten durch rötlich schillernde Wälder.

Gelbe leuchtende Felder.

Schroffe Berge im Hintergrund

Tun ihre Majestät kund.

Der Abend zu Haus
Klingt am Kamin aus.
Mit einem Wein in der Hand
Und erzählen allerhand.
Kuscheln und zärtliche Musik
Im Hintergrund
Machen das Wochenende rund.

Schicksal

Ich sitze nun alleine hier,

Doch meine Gedanken sind bei Dir.

Warum musstest Du diese Welt verlassen?

Ich kann Dich noch heute dafür hassen.

Wir sind zusammen gegangen

Und waren meistens zusammen.

Unzertrennlich waren wir,

Bis Du gingst von mir.

Die Antwort für das „Warum“ interessiert mich sehr.

Ich gäbe dafür alles her.

Schmerzlich vermisse ich Dich.

Das Leben ist eine Qual für mich.

Zu aufdringlich?

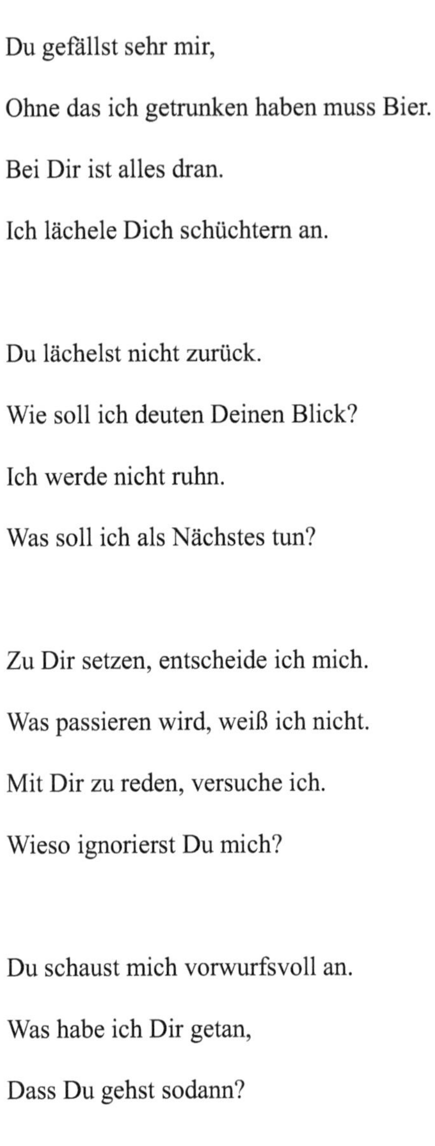

Du gefällst sehr mir,

Ohne das ich getrunken haben muss Bier.

Bei Dir ist alles dran.

Ich lächele Dich schüchtern an.

Du lächelst nicht zurück.

Wie soll ich deuten Deinen Blick?

Ich werde nicht ruhn.

Was soll ich als Nächstes tun?

Zu Dir setzen, entscheide ich mich.

Was passieren wird, weiß ich nicht.

Mit Dir zu reden, versuche ich.

Wieso ignorierst Du mich?

Du schaust mich vorwurfsvoll an.

Was habe ich Dir getan,

Dass Du gehst sodann?

Geborgenheit?

Ich möchte nicht gehen.

Der Augenblick ist zu schön.

Sehr genießen, tue ich,

Dass Du zärtlich streichelst mich.

Die Zeit bleibt für mich stehen.

Ich möchte nicht gehen.

Ich kann nicht genug davon kriegen.

In Deinen Armen zu liegen.

Neuanfang durch Versöhnung

Deine traurigen Augen schauen mich an
Und sie fragen, was wird passieren dann.
Wir wollen gehen unseren eigenen Weg,
Aber ist es nicht schon zu spät?

Wir stützten uns jahrelang.
Und dann?!
Kleiner Streit zerstörte unser Glück.
Gibt es wirklich kein Zurück?

Okay, wir stritten uns heftig.
Es war ganz schön deftig,
Aber taten wir dies nicht auch in der Vergangenheit,
Und hatten uns nicht entzweit?

Die Streitereien da waren kleiner.
Wir trugen es aus gesitteter und feiner.
Wir verhielten uns wie Tiere dieses Mal.
Es war nicht gesittet und eine Qual.

Der Kummer und die Angst waren groß,
Aber es behinderte uns bloß.
Verflogen ist der Ärger, es war wie ein Rausch,
Aber jetzt sollten wir uns sprechen aus!

Eine lange und glückliche Zeit haben wir verlebt
Und viele Jahre zusammengelebt.
Wir sollten uns nicht länger hassen
Und vor allem nicht zulassen,

Dass dieses kleine dumme Missgeschick
Zerstört unser kleines Glück.
Ich bin ganz galant
Und reiche Dir meine Hand.

Wir sollten zuschütten die Gräben
Und miteinander reden.
Dies ist ein erster Schritt
Zur Wiederherstellung von unserem Glück.

Es braucht eine sehr lange Zeit,
Bis die gegenseitig beigebrachte Wunde ist geheilt,

Aber wir werden uns gegenseitig stützen

Und vor weiteren Verletzungen schützen.

Ich habe es bereut

Und bin felsenfest davon überzeugt,

Dass wir finden unser Glück

Schon in naher Zukunft zurück.

Die Jugendliebe?

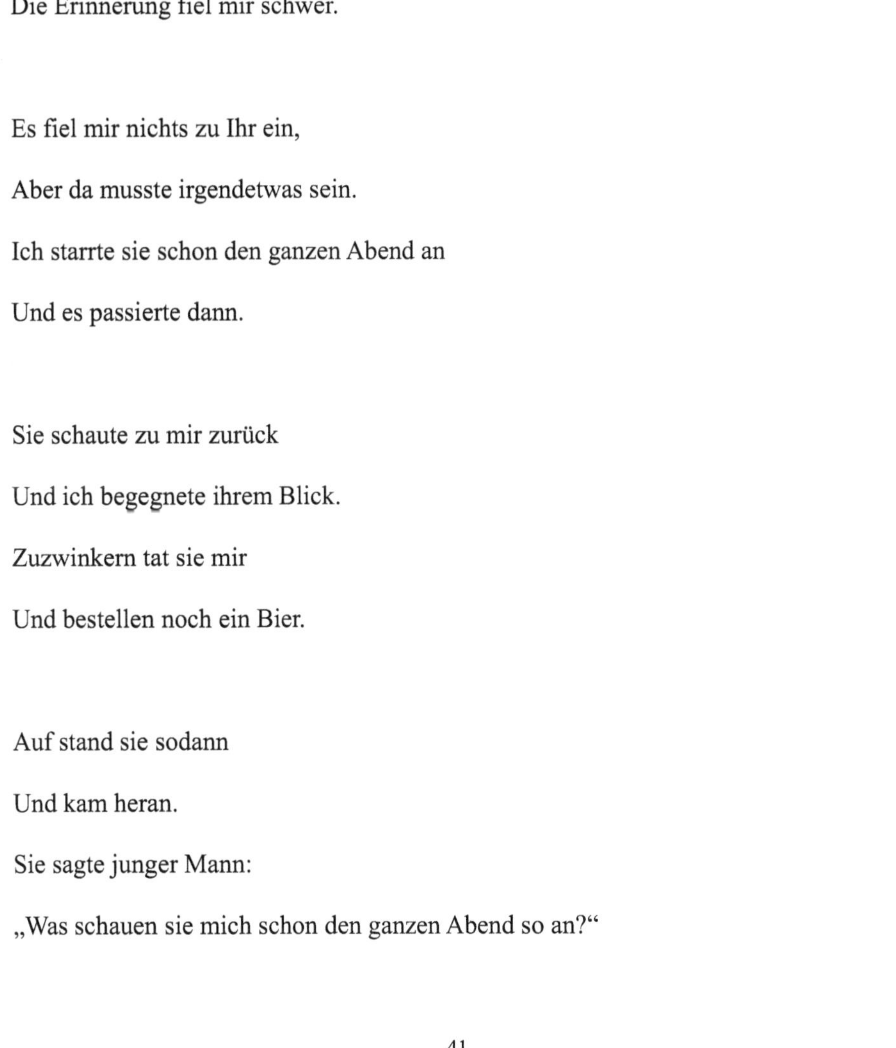

Ich schaute sie an

Und überlegte dann.

Kenne ich sie nicht von irgendwoher?

Die Erinnerung fiel mir schwer.

Es fiel mir nichts zu Ihr ein,

Aber da musste irgendetwas sein.

Ich starrte sie schon den ganzen Abend an

Und es passierte dann.

Sie schaute zu mir zurück

Und ich begegnete ihrem Blick.

Zuzwinkern tat sie mir

Und bestellen noch ein Bier.

Auf stand sie sodann

Und kam heran.

Sie sagte junger Mann:

„Was schauen sie mich schon den ganzen Abend so an?“

Ich kenne sie von irgendwoher, sagte ich.
Sie erwiderte, dass sie auch kennt mich.
Ich weiß es nicht mehr.
Es ist schon 15 Jahre her,

Als wir gingen zusammen zur Schule,
Denn es war die Jule.
Verändert hatte sie sich kaum
Mein damaliger Jugendtraum.

Damals himmelte ich sie an heimlich,
Aber es ist mir peinlich,
Es zu wagen,
Es ihr zu sagen.

Früher sah sie schon toll aus.
Im Lauf der Jahre noch mehr gemacht draus.
Ich muss es einfach wagen
Und ihr die Wahrheit sagen.

Ich sammle Mut und fange an.
Sie unterbricht mich sodann.
Du bist der kleine Briel,
Der immer wusste soviel.

Bewundert habe ich Dich,
Aber ich hatte Schiss.
Ansprechen wollte ich Dich,
Aber ich tat es nicht.

Ich hatte Angst Dich anzusprechen.
Würde ich den richtigen Ton treffen?
Aber jetzt sind wir hier
Und einladen will ich Dich zu einem Bier.

Magali

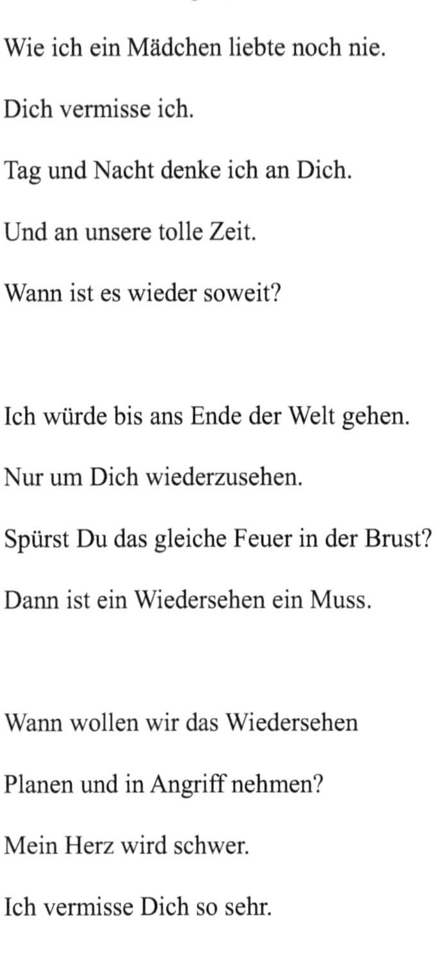

Ich liebe Dich Magali,
Wie ich ein Mädchen liebte noch nie.
Dich vermisse ich.
Tag und Nacht denke ich an Dich.
Und an unsere tolle Zeit.
Wann ist es wieder soweit?

Ich würde bis ans Ende der Welt gehen.
Nur um Dich wiederzusehen.
Spürst Du das gleiche Feuer in der Brust?
Dann ist ein Wiedersehen ein Muss.

Wann wollen wir das Wiedersehen
Planen und in Angriff nehmen?
Mein Herz wird schwer.
Ich vermisse Dich so sehr.

Hegst Du gleiche Gefühle für mich
Wie ich für Dich?
Mein Herz will vergehen.
Ich muss Dich wiedersehen.

Denkst Du auch so an mich,
Wie ich mich erinnere an Dich?
Meine Gedanken sind nicht hier.
Sie wandern immer wieder zu Dir.
Was machst Du?
Denke ich immerzu.

Lebensweisheit der Liebe

Ich bin hier und Du bist dort.

Jemand ist am falschen Ort.

Ich denke an Dich immerfort

In allem, was ich tue.

Natürlich in Ruhe.

Du gibst mir die Kraft,

Dass es wird auch geschafft.

Ich liebe Dich so sehr

Und gebe Dich nimmer her.

Meine Sorge ist jeder Tag.

Wann ich Dich wieder bei mir hab?

Was wirst Du über uns denken?

Wohin Deine Gefühle lenken?

Es macht mich ganz verrückt,

Wenn wir sind eventuell zu dritt.

Wenn Du einen Dritten noch mehr liebst

Und ihn natürlich auch abkriegst.

Er erwidert Deine Gefühle

Und ich keine Liebe mehr abkriege.

Ich liebe Dich so sehr.

Gibst Du mich auch nicht mehr her?

Das frage ich mich jederzeit.

Wann ist es endlich soweit?

Wenn beantworten sich meine bangen Fragen?

Wann wirst Du es mir sagen?

Was wirst Du mir sagen?

Kann ich es ertragen?

Ich möchte es nicht wissen.

Dich immer weiter küssen.

Es ist toll anzufühlen,

Als würde man fliegen.

Mit Dir möchte ich noch viel erleben

Und geht auch einmal etwas daneben,

Stark wir zusammen sind,

So man Schwierigkeiten nimmt.

Es gibt immer gute und schlechte Zeiten.

Man kann den Lauf der Welt nicht aufhalten.

Kein Vergessen

Herbst wird nun.

Was ist zu tun?

Die Tage kürzer, die Nächte kalt.

Es ist schönste Kuschelzeit,

Aber Du bist so unendlich weit.

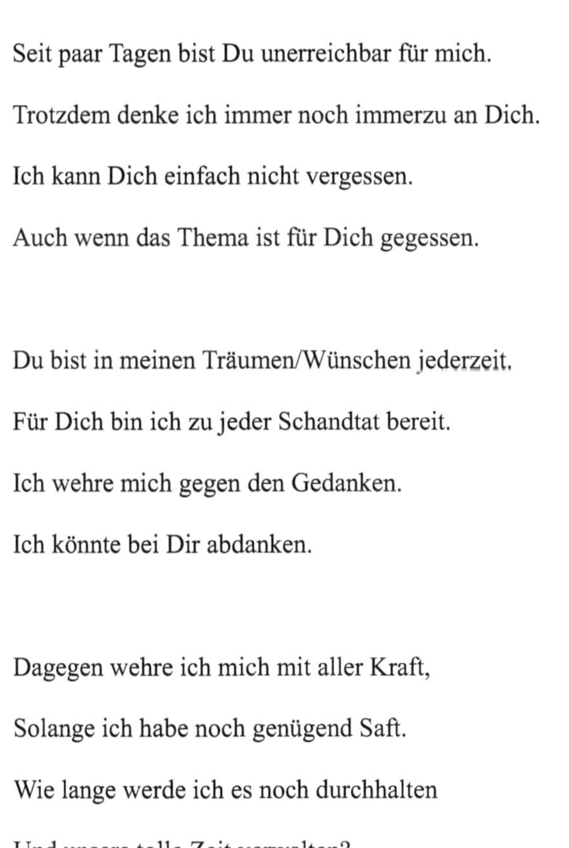

Seit paar Tagen bist Du unerreichbar für mich.

Trotzdem denke ich immer noch immerzu an Dich.

Ich kann Dich einfach nicht vergessen.

Auch wenn das Thema ist für Dich gegessen.

Du bist in meinen Träumen/Wünschen jederzeit.

Für Dich bin ich zu jeder Schandtat bereit.

Ich wehre mich gegen den Gedanken.

Ich könnte bei Dir abdanken.

Dagegen wehre ich mich mit aller Kraft,

Solange ich habe noch genügend Saft.

Wie lange werde ich es noch durchhalten

Und unsere tolle Zeit verwalten?

Wann kann ich nicht mehr?

Wünsche Dich nicht mehr her?

Wann wird Hass mich ergreifen?

Und mein Herz zerreißen?

Ich möchte es nicht.

Wann es aus mir kriecht,

Weiß ich nicht,

Dann wird mein Herz genauso kalt sein

Wie der Herbst, der bricht herein.

Ich lass dann alles ruhn.

Werde nichts mehr tun.

Ich lasse mich treiben ins Leben hinein.

Es wird nie mehr, wie vorher sein.

Nur Dich werde ich lieben.

Ich kann meine Liebe nicht zurechtbiegen.

Ohne Dich kann ich das Leben nicht mehr genießen.

Vielleicht sollte ich mich gleich erschießen.

Überglücklich – Unglücklich?

Bezaubernd siehst Du aus.
Zum Glück blieb ich nicht zu Haus.
Wir vergnügten uns die ganze Nacht.
Es hat beiden Spaß gemacht.

Von einer in die nächste Bar zogen wir,
Und Du zeigtest mir,
Dass Du empfindest etwas für mich
Wie ich für Dich.

Oder hat das der Alkohol bewirkt?
Er muss ja bei Dir haben gewirkt.
Getrunken hast Du ja genug
Und nicht nur Schluck für Schluck.

Du hast es alles hintergegossen
Und wahrscheinlich nicht einmal genossen.
Du hast nicht einmal gewusst, was es war.
Das ist doch sonnenklar.

Ich habe die Zeit mit Dir genossen

Und den Vogel abgeschossen.

Nüchtern hättest Du mich nicht angesehen,

So konnte ich eine ganze Nacht mit Dir ausgehen.

Daran werde ich mich immer erinnern.

Das kann mir niemand mehr zertrümmern.

Das kann mir niemand nehmen.

Auch nicht das danach zurücksehnen.

Unerreichbar?

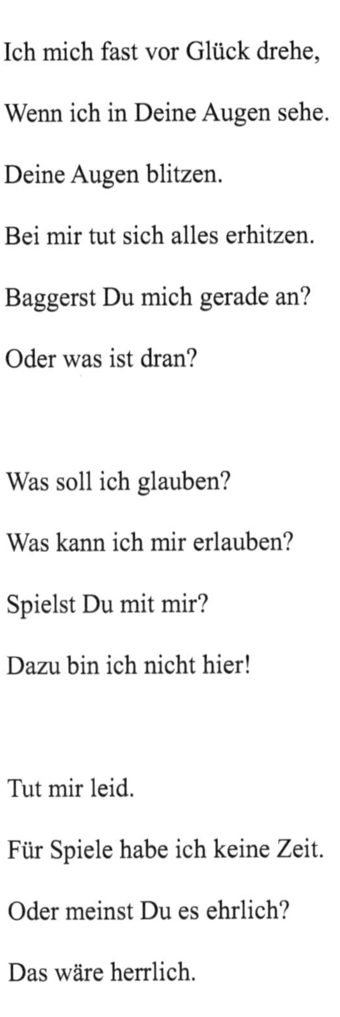

Ich mich fast vor Glück drehe,

Wenn ich in Deine Augen sehe.

Deine Augen blitzen.

Bei mir tut sich alles erhitzen.

Baggerst Du mich gerade an?

Oder was ist dran?

Was soll ich glauben?

Was kann ich mir erlauben?

Spielst Du mit mir?

Dazu bin ich nicht hier!

Tut mir leid.

Für Spiele habe ich keine Zeit.

Oder meinst Du es ehrlich?

Das wäre herrlich.

Allerdings bist Du verschrien als unterkühlt.

Hast Du je Liebe gefühlt?

Du schlepptest viele ab

Und machtest dann schlapp.

Hattest Du jemals Gefühle?

Dann verdecktest Du sie unter Deiner Kühle.

Ich möchte nicht eine Deiner vielen Eroberungen sein.

So sieh das doch ein.

Ich fühlte schon immer etwas für Dich

Aber Du nicht für mich.

Ich himmelte Dich schon immer an.

Kam aber nie an Dich heran.

Deine Schönheit ist bestechend.

Mein Herz zerbrechend.

Du gehst mit den Schönsten der Schönen aus.

Ich blieb zu Haus.

Die Schönheit Deiner bisherigen Eroberungen.

Sie sind alle wohl gelungen.

Erreiche ich nicht.

Das weiß ich.

Es ist doch wahr.

Ich bin blass und unscheinbar.

Ich bin stinknormal.

Das ist wohl wahr.

Nicht anziehen, tue ich solche Leute.

Nicht gestern, nicht morgen und nicht heute.

Ich will aber nicht verschlissen werden

Bei dem, um Dich werben.

Kämpferin

Bunt sind die Wälder.

Gelb die Stoppelfelder.

Die Vögel ziehen ab.

Laub fällt herab.

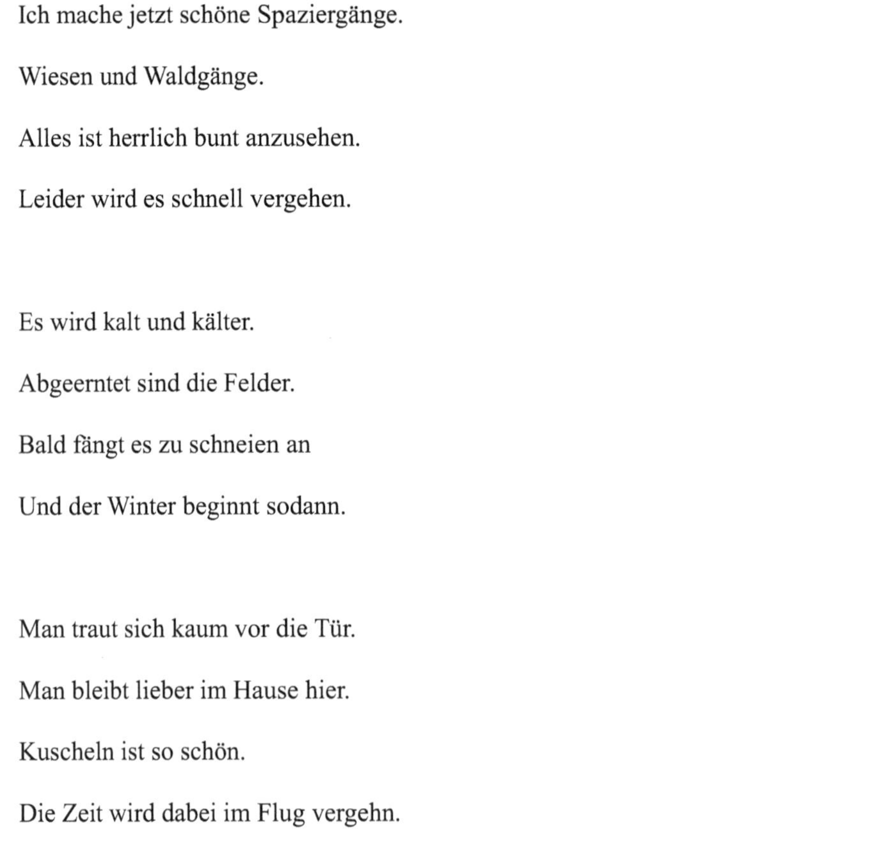

Ich mache jetzt schöne Spaziergänge.

Wiesen und Waldgänge.

Alles ist herrlich bunt anzusehen.

Leider wird es schnell vergehen.

Es wird kalt und kälter.

Abgeerntet sind die Felder.

Bald fängt es zu schneien an

Und der Winter beginnt sodann.

Man traut sich kaum vor die Tür.

Man bleibt lieber im Hause hier.

Kuscheln ist so schön.

Die Zeit wird dabei im Flug vergehn.

Mein Ein und Alles ist meine Frau.
Ohne Sie wäre das ganze Leben trist und grau.
Mit ihr kann man reden über alle Dinge,
Die kommen mir in die Sinne.

Sie unterstützt mich voll und ganz.
Bei ihr kann ich machen Rast,
Wenn die Arbeit mich treibt
Und fast zerreibt.

Zu mir stehen, tut sie immer.
Vorwürfe machen nimmer.
Über Fehler diskutieren. – Ja.
Das ist doch klar.

Feedback braucht man immer.
Zur Schnecke machen, hilft nimmer.
Kämpfen wird sie immer.
Aufgeben nimmer.

Für die Familie kämpft sie wie ein Tier
Wie ein wild gewordener Stier,
Dann kann sie sehr energisch werden
Und beschützen ihre Herden.

Ist die Lage aussichtslos.
Das Elend groß.
Wird auch das Leben schwer.
Lösungen müssen her.

Lösungen werden gesucht,
Damit wird das große Glück wieder gebucht.
Ein Ausweg tut sich meistens auf
Und holt uns aus misslichen Lagen heraus.

Angst

Ich sitze hier

Und träume mich zu Dir.

Denkst Du auch an mich

Wie ich an Dich?

Festhalten möchte ich Dich für immer

Und hergeben nimmer.

Angst habe ich, dass Du einen Anderen erhörst

Und unser Glück zerstörst.

Einsicht

Ich schaue in Deine Augen.

Kann es kaum glauben.

Sehe ich Angst darin?

Oder ist das Unsinn?

Sie sind weit aufgerissen.

Wer hat Dir Dein Herz so zerrissen?

Darin spiegelt sich tiefstes Verletztsein.

Du hast nicht länger ein Daheim.

Zu Deinem Freund kehrst Du nicht zurück.

Du hattest auch viel Glück,

Dass Du bist nicht tot.

Er schlug Dich blau und rot.

Jetzt endlich siehst Du ein.

Das kann nicht Liebe sein.

Liebe sieht anders aus

Als bei Dir zu Haus.

Bezaubern schön

Ich stehe hier.

Du trinkst Dein Bier.

Da Du sitzt.

In der Sonne schwitzt.

Zu mir siehst schüchtern.

Ich ganz nüchtern

Dir lächele zu.

Was machst Du?

Da habe ich den Dreck.

Du schaust weg.

Das kann nicht sein.

Das sehe ich nicht ein.

Mit Dir möchte ich es noch einmal wagen.

Das kann ich Dir sagen.

Ich finde Dich entzückend.

Das ist beglückend.

Ansehen brauche ich Dich nur.
Das öffnet meinem Elan das Tor.
Du bezauberst mich.
Ich denke nur an Dich.

Wie kann ich Dich gewinnen?
Wie soll ich beginnen?
Ansprechen ist nicht schlecht.
Das ist mir auch recht.

Ich spreche Dich an
Und ein Gespräch beginnt sodann.
Wie es wird, muss man sehen.
Es wird schon alles gut gehen.

Ich werde mit Dir zusammen sein
Irgendwann und dann,
Dann werden wir die Welt aufrollen
Und uns nicht mehr trollen.

Wir werden vieles bewegen

Und einen heben

Auf unseren Erfolg,

Dass das Glück ist uns hold.

Wird es ein Missgeschick.

Kommt es ganz dick.

Werden wir zusammenstehen

Und durch die Hölle gehen.

Wir sind zusammen stark und kräftig.

Kommt es auch noch so deftig.

Unterbuttern lassen wir uns nicht.

Das ist gewiss.

Ich - Trottel?

Ich sitze hier
Und trinke mein Bier.
Ich grübele über dies nach,
Was immer bleibt ungefragt.

Ich fühle mich zu Dir hingezogen.
Das ist ungelogen.
Zu schüchtern bin ich,
Zu fragen Dich.

Dein Charme . Deine Ausstrahlung
Sind der Grund.
Machen mich verlegen.
Was kann ich Dir geben?

Was kann ich Dir bieten
Ohne zu lügen?
Für Dich bin ich ein Nichtsnutz.
Ich habe meine Zeit falsch genutzt.

Falschen Freunden vertraute ich

Ohne Kompromiss.

Wurde benutzt und belogen.

Es ist nie aufgeflogen.

Glauben konnte ich es nicht,

Dass man Leute so ausnützt.

Ich war zu gutgläubig.

Einen Trottel nennt man es landläufig.

Ich stehe hier. Du stehst da.

Was geschieht so da?

Hier stehe ich

Und sehe Dich.

Du zwinkerst mir zu.

Das nimmt mir die innere Ruh.

Was machst Du?

Ich sitze im Zug hier

Und wünsche mich zu Dir.

Was wirst Du heute machen?

Hast Du heute gut zu lachen?

Wann werden wir uns endlich sehen?

Einige Wege zusammen gehen?

Wie werden wir uns verstehen?

Wie wird das in der realen Welt abgehen?

In der virtuellen Welt klappte es wunderbar.

Das ist doch klar.

Wir haben viele Gemeinsamkeiten.

Tun uns Fehler nicht gegenseitig ankreiden.

Wir sind füreinander da.

Das ist doch klar.

Das wird immer so bleiben

Und gehen ohne zu streiten.

Trotzdem Angst vor dem nächsten Schritt,
Dass unsere Zuneigung kommt aus dem Tritt.
Sich den Anderen anders vorgestellt
Als in der virtuellen Welt.

Wir kennen uns eigentlich etwas zwar,
Aber war auch alles wahr?
Zweifelten wir ganz leicht und sacht
Und haben kein Treffen gemacht?

Haben Angst, die Zuneigung wird zerstört,
Wenn man den Anderen real sieht und hört?
Wir wollen verlieren nicht uns.
Verlieren nicht des Anderen Gunst.

Ein Treffen soll es nicht schaffen,
Dass wir uns verkrachen.
Das wir sind enttäuscht und verletzt.
Das ist doch das Allerletzt.

Wir wollen unsere Zuneigung festigen.
Unsere Liebe kräftigen,
Dass auch unser Verhältnis übersteht
Ein nicht so glückliches date

So dass ein widriger Umstand heißt,
Wir werden noch enger zusammengeschweißt.
Beide wissen doch wir.
Es gibt keinen perfekten Menschen dort und hier.

Es gibt keinen Perfekto auf der Welt -
Auch nicht für viel Geld.
Macken hat doch jeder irgendwelch.
Gott vergelts.

Sonst wäre die Welt so langweilig.
Vielfalt ist uns doch heilig.
Nicht gefallen tut uns etwas irgendwann
Und es soll nicht geschehen sodann,

Dass wir auseinandergehen

Und nicht zu den Anderen stehen.

In der harten Welt kann nur starke Liebe dafür sorgen,

Dass wir immer wachen zusammen auf am nächsten Morgen.

Allein

Ich kann nicht ruhn.

Was soll ich tun?

Ich denke an Dich.

Mein inneres Ich.

Selbstzweifel zerreißen mich.

Ich schnappe nach Luft.

Soviel Frust

Engt mich ein.

Ich fühle mich allein.

Wir

Wann kann ich Dich endlich verwöhnen?

Ich tue mich nach Deinen Küssen sehnen.

Aus meinem Gedächtnis bekomme ich Dich nicht mehr,

Aber das ist ja auch nicht schwer.

Du siehst einfach bezaubernd aus.

Machst aus jeder misslichen Lage noch was draus.

Du bist so natürlich und bezaubernd,

Da konnte ich nicht sein zaudernd.

Ich griff zu

Und verliebte mich im Nu.

Ich hoffe, Du spürst das auch für mich

Und mich auch immer vermisst.

Ich vermisse Dich sehr.

Das sage ich nicht einfach so daher.

Es ist die volle Wahrheit
Nach einer noch nicht so langen Zeit.
Wir kennen uns ja so lang noch nicht.
Ich Dich trotzdem schon sehr vermiss.
Wie wird er sein – Dein heutiger Tag?
Das frage ich mich gerad.

Was wirst Du tun?
Wirst Du Dich wieder nicht ausruhn?
Wirst Du oft lachen?
Manch verrückte Sachen machen?

Was wird heute geschehen?
Werden wir ja sehen.
Bescheid wissen wir ja immer über den Anderen.
Dafür möchte ich Dir ganz herzlich danken.

Du gibst mir immer wieder Kraft,
Dass ich es weiterschaff,
Dass ich vorwärts stürme
Und nicht vor der Realität türme.

Du bist das Salz in meiner Suppe,
Dass ich sehr gern schlucke.
Ich liebe Dich doch sehr.
Komm doch endlich her.

Ich fiebere entgegen einem Treffen.
Das verursacht mir Seitenstechen,
Dann wir uns endlich sehen
Und zusammen gehen.

Es wird unsere Liebe einen Stoß geben.
Uns in vollkommen neue Sphären heben.
Dann kommen wir endlich im 7. Himmel an
Und was geschieht sodann?

Darüber schweigen wir,
Denn zu Ende ist mein Papier.
Lasst es sein unsere Sachen,
Was wir dann machen.
Es wird sein wunderbar.
Das ist schon klar.

Die Löwin

Du setzt Dich immer für uns ein,

Da kann die Lage noch so aussichtslos sein.

Alles tust Du für die Kinder und mich.

Dafür liebe ich Dich.

Ich liebe Dich so sehr

Und gebe Dich nimmer her.

Es ist kein Gerücht,

So eine Frau traf ich noch nicht.

Es gingen viele ein und aus.

Es kam aber nichts heraus.

Du bist einzigartisch.

Dafür liebe ich Dich.

Mein Leben will ich teilen mit Dir.

Bitte bleib hier.

Ich werde alles für Dich tun

Und nicht eher ruhn,

Bis Du bist die glücklichste Frau der Welt.

Das ist nicht nur Geld.

Das ist Liebe pur

Aber nicht nur.

Dazu gehören Zärtlichkeit, Sinnlichkeit.

Alles tun zu Zweit.

Niemals gehen zu weit.

Den anderen respektieren.

Nach langen Gesprächen mit ihm gieren.

Da sein für den Liebsten immer.

Ihn im Stich lassen nimmer.

Er

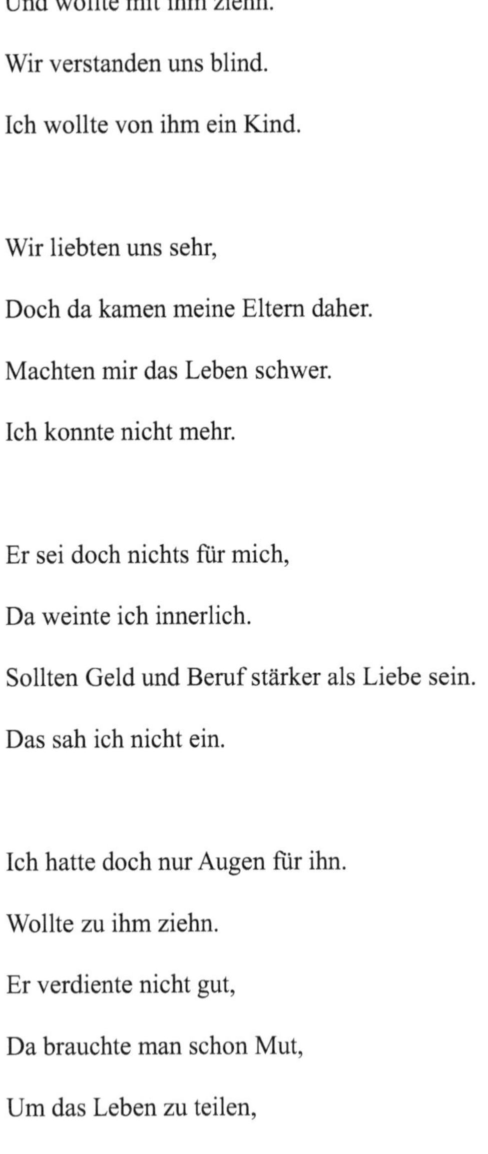

Eines Tages traf ich ihn
Und wollte mit ihm ziehn.
Wir verstanden uns blind.
Ich wollte von ihm ein Kind.

Wir liebten uns sehr,
Doch da kamen meine Eltern daher.
Machten mir das Leben schwer.
Ich konnte nicht mehr.

Er sei doch nichts für mich,
Da weinte ich innerlich.
Sollten Geld und Beruf stärker als Liebe sein.
Das sah ich nicht ein.

Ich hatte doch nur Augen für ihn.
Wollte zu ihm ziehn.
Er verdiente nicht gut,
Da brauchte man schon Mut,
Um das Leben zu teilen,

Aber warum sollte man eilen?

Ich konnte doch auch etwas verdienen.
Meine Mutter schrie, bin ich denn von Sinnen.
Einen reichen Mann sollte ich suchen,
Um das große Glück zu buchen.

Denkt sie auch an mich?
Denn ich liebe nur Dich.
Sie sehen es nicht ein,
Deswegen muss es jetzt sein.

Abbrechen alle Kontakte zu meinem Familienkreis.
Macht mich überhaupt nicht heiß,
Wenn ich Dich nur noch halten kann.
Wir gehen zusamm.

Es wird schon gehen.
Wir werden sehen.
Wir machen das Beste draus.
Kommen aus unserer Situation heraus.

Hoffnung

Ich stehe hier

Und sehe zu dir.

Du siehst zu mir.

Huscht da ein Lächeln über Dein Gesicht?

Ich sehe wieder Licht.

Dich zu erobern, gibt meinem Leben wieder Sinn.

Ich komme gleich zu Dir hin.

Da stehe ich nun.

Was ist zu tun?

Ich hatte es geritten in die Scheiße.

Hatte ich eine Meise?

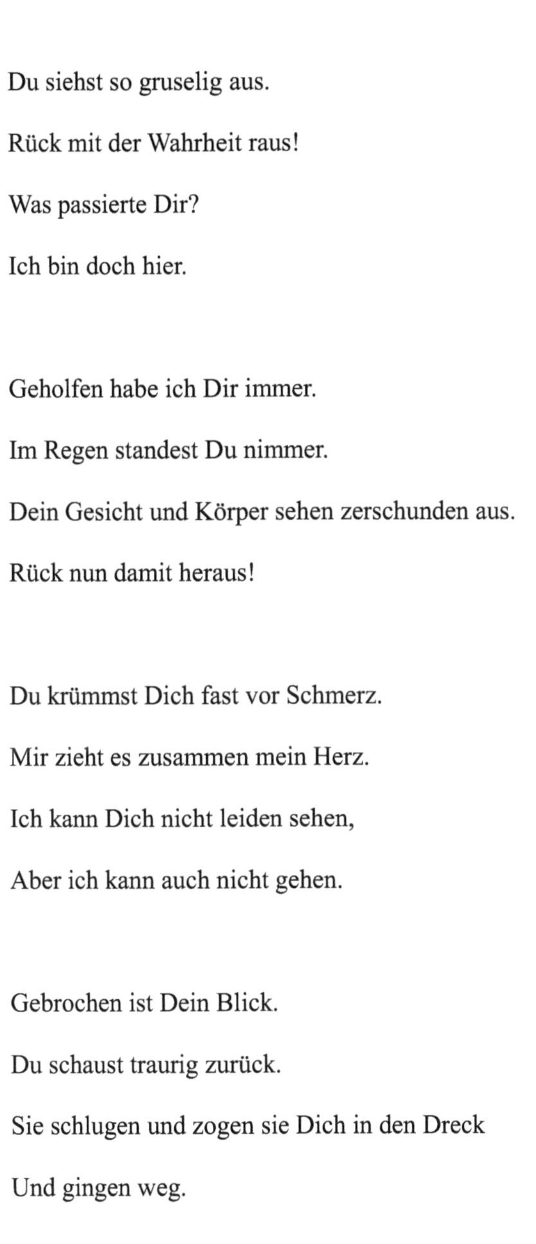

Was?

Du siehst so gruselig aus.
Rück mit der Wahrheit raus!
Was passierte Dir?
Ich bin doch hier.

Geholfen habe ich Dir immer.
Im Regen standest Du nimmer.
Dein Gesicht und Körper sehen zerschunden aus.
Rück nun damit heraus!

Du krümmst Dich fast vor Schmerz.
Mir zieht es zusammen mein Herz.
Ich kann Dich nicht leiden sehen,
Aber ich kann auch nicht gehen.

Gebrochen ist Dein Blick.
Du schaust traurig zurück.
Sie schlugen und zogen sie Dich in den Dreck
Und gingen weg.

Du konntest nur langsam aufstehen.
Ein Stück gehen.
In den Augen sehe ich unermesslichen Schmerz.
Es zerreißt mir das Herz.

Ich bedränge Dich nicht soweit.
Ich sehe, Du brauchst noch Zeit.
Ich nehme Dich nur in den Arm
Und halte Dich warm.

Fest halte ich Dich und warm.
Du warst mein Schwarm.
Sehen tatst Du mich nie.
Ich war kein Genie.

Über Dich definiere ich mich.
Ich liebe nur Dich.
Hasilein. Hasilein.
Lass mich nicht allein!
Du bist mein Sein.

Wir kuscheln so schön.

Willst Du jetzt schon gehen?

Lass mich nicht allein!

Allein will ich hier nicht sein.

Lass es uns noch einmal versuchen

Und das große Glück buchen!

Irgendwann bist Du soweit

Zu erzählen die Begebenheit.

Ich kann es warten ab.

Die Zeit wird nicht knapp.

Abgehoben – Träume zerstoben?

Ein Star warst Du
Und ich sah Deinen Auftritten zu.
Jetzt liegst Du im Dreck
Und alle Deine reichen Freunde sind weg.

Bei Dir nur ich bin.
Macht das Sinn?
Du wolltest nie etwas mit mir zu tun haben,
Deshalb konnte ich Dir nie sagen.

Nie sagen, wie sehr ich Dich liebe.
Auf Dich fliege.
Jetzt helfe und stütze ich Dich.
Was denkst Du über mich?

Wie siehst Du mich zur Zeit?
Dann wenn Du wieder hergestellt bist bald,
Tust Du Dich wieder zieren?
Mich wieder total ignorieren?

Stößt Du mich dann von Dir weg?

Wirfst mich in den Dreck?

Oder gehen wir zusammen aus

In ein Kino oder Tanzhaus?

Tanzen tatst Du gern.

Ich werde es noch erlern.

Du bist die beste Lehrerin.

Das kriegen wir schon hin.

Verlust

Noch heute zieht es zusammen mein Herz.

Dieser große Verlust wurde von uns nie verschmerzt.

Wir denken immer und immer wieder an Dich.

Ich erinnere mich.

Wir waren so stolz auf Dich.

Du warst unser Alles und Ein.

Es will nicht in meinen Kopf hinein,

Dass Du bist fort

An einem anderen Ort.

Ich möchte mit Dir gehen.

Du bist so unbeschreiblich schön.

Inniglich

Liebe ich Dich.

Diese geheime Leidenschaft

Gibt mir für das Leben Kraft.

Zermürben tut sie aber auch mich.

Ich denke immerzu an Dich.

Vergessen kann ich Dich nie.
Das bekomme ich nicht hin.
Was soll ich nur tun?
Ich kann nicht ruhn.

Die Sehnsucht nach Dir
Wird immer brennen in mir.
Du bist unerreichbar für mich.
Trotzdem denke ich immer nur an Dich.

Was Du wohl gerade denken magst?
Was Du wohl hast?
Was Du wohl tust?
Ob Du gerade ruhst?

Dich umkreisen meine Gedanken
Ohne Schranken.
Es ist töricht,
Aber kein Leben ohne Dich
Für mich.

Verunsichert

Ich schaue zu Dir -

Du nicht zu mir.

Du schaust stur geradeaus.

Dein Gefühl drückt keine Bewegung aus.

Dein Pokergesicht

Mag ich nicht.

Schau doch bitte zu mir.

Ein Lächeln gebe ich Dir.

Wie spreche ich Dich an,

Denk ich sodann.

Was sag ich nur,

Ich Tor.

Sehnsucht

Da sitze ich nun

Und die Zeit geht nicht rum.

Ich denke an Dich sehr.

Komm doch her.

Was machst Du nun?

Was soll ich tun?

Wieso legst Du auf immer?

Sprichst mit mir nimmer?

Glück

Zum Nachdenken komme ich nicht mehr.

Ich habe zu tun sehr.

Ausruhen kann ich mich nicht mehr.

Das hilft mir sehr.

Ich kann nicht mehr soviel an Dich denken

Und mich im Kummer versenken.

Sonst würde ich mich zerfleischen.

Mein Herz würde zerreißen.

Ein Traum

Reißende Bäche, umstürzende Bäume.

Ist das ein Geheule.

Dunkelheit ist dumm.

Tiere schleichen herum.

Wabernde Nebelschwaden, gespenstische Klänge.

Schauernde Gesänge.

Blitze schlagen ein.

Heulender Wind obendrein.

Du lockst mich.

Ich habe nur Augen für Dich.

Immer tiefer hinein.

Muss das sein?

Immer schneller gehst Du und mein Herz.

Ich renne, falle und fühle Schmerz.

Rappel mich wieder auf.

Scheiß drauf.

Ein schrecklicher Traum. Was für eine Nacht?
Und schon bin ich erwacht.
Du wirst mich weiter verletzen.
Trotzdem werde ich nach Dir lechzen.

Das bin ich gewohnt von Dir,
Verhalten wie ein Tier.
Das Urgewaltige liebe ich an Dir,
Mein liebstes Kuscheltier.

Es ist kein Scherz.
Liebe bedeutet Glück aber auch Schmerz.
Möchte Dich nicht mehr verlieren.
Immer Dich an meiner Brust spüren.

Nachdenken über ein erstes Treffen

Hier sitze ich nun
Und kann nicht ruhn.
Ich denke nur an Dich.
An Dich und mich.

Wie wird sich unser Treffen gestalten?
Können wir unsere Liebe/Sympathie erhalten?
Wie wird es wohl sein,
Wenn wir endlich zusammen sind daheim?

Die Entfernung sollte kein Problem darstellen.
Natürlich können wir uns nicht immer sehen.
Aber wir können mailen, anrufen und schreiben
Und so den Kontakt halten.

Wir sollten über unsere Zukunft sprechen.
Natürlich nichts übers Knie brechen,
Aber wenn man sich liebt,
Selten sieht,
Tut das auch nicht so gut

Der Liebesglut.

Man möchte Dinge zusammen tun
Und nicht eher ruhn,
Bis man den höchsten Wert beimisst,
Dass man so oft wie möglich zusammen ist

Wenn man den Anderen sympathisch einschätzt,
Sollte natürlich nicht werden gehetzt.
In der Ruhe liegt die Kraft
Und gibt der Liebe immer neuen Saft.

Sprachlos

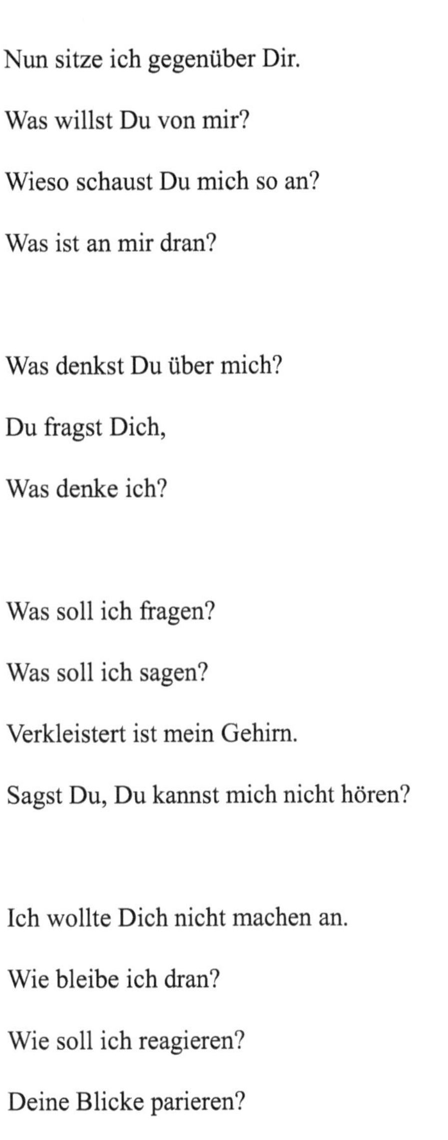

Nun sitze ich gegenüber Dir.
Was willst Du von mir?
Wieso schaust Du mich so an?
Was ist an mir dran?

Was denkst Du über mich?
Du fragst Dich,
Was denke ich?

Was soll ich fragen?
Was soll ich sagen?
Verkleistert ist mein Gehirn.
Sagst Du, Du kannst mich nicht hören?

Ich wollte Dich nicht machen an.
Wie bleibe ich dran?
Wie soll ich reagieren?
Deine Blicke parieren?

Diese Situation ist mir so fremd.

Ich würde für Dich geben mein letztes Hemd.

Du siehst so toll aus,

Aber kein Ton kommt heraus.

Was !

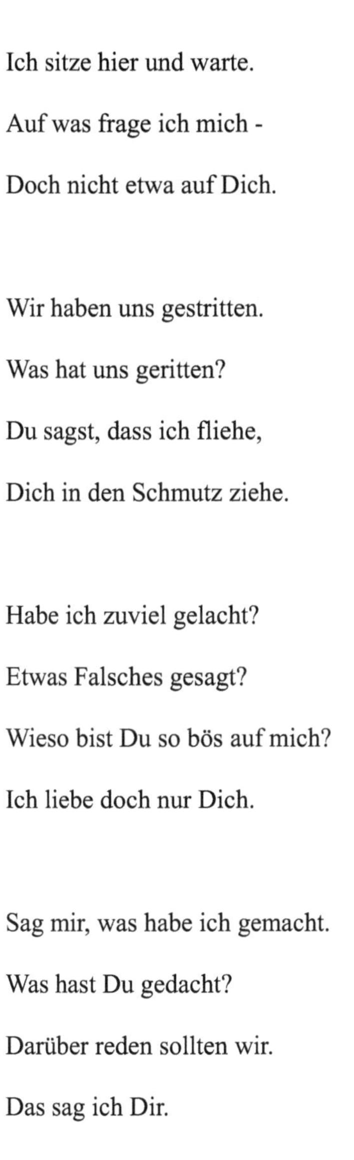

Ich sitze hier und warte.

Auf was frage ich mich -

Doch nicht etwa auf Dich.

Wir haben uns gestritten.

Was hat uns geritten?

Du sagst, dass ich fliehe,

Dich in den Schmutz ziehe.

Habe ich zuviel gelacht?

Etwas Falsches gesagt?

Wieso bist Du so bös auf mich?

Ich liebe doch nur Dich.

Sag mir, was habe ich gemacht.

Was hast Du gedacht?

Darüber reden sollten wir.

Das sag ich Dir.

Faszinierte Frau

Ich sah in seine lustigen Augen.

Sie konnten mir fast den Verstand rauben.

Etwas Zauberhaftes lag darin,

Aber auch ein tiefgründiger Sinn.

Ein Schimmer lag darin,

Welcher mir raubte den Sinn.

Sehr lange – zu lange sahen wir uns an

Und was würde geschehen dann?

Was kommt danach?

Darüber dachte ich nach.

Sehr niedlich aussehen tat er.

Mein geringes Selbstvertrauen machte mir

Wieder einmal das Leben schwer.

Warum ging ich nicht hin?

Das kam mir nicht in den Sinn.

Zu schüchtern war ich.

Ich würde nie bekommen Dich.

Du gingst hinaus

Und sahst traurig aus.

Ich kehrte mich wieder den CDs zu,
Aber ich hatte keine Ruh.
Du gingst mir nicht aus dem Sinn.
Wo gingst Du jetzt hin?

Versagt

Zeit habe ich genug.
Wie habe ich geflucht.
Nun auf einmal verdammt zum Nichtsein.
Das will nicht in meinen Kopf herein.

Gearbeitet habe ich immer gern.
Es war schon fast ein Wahn.
Freunde belächelten und verließen mich.
Ich glaubte an die Arbeit und Dich.

Aufbauen wollten wir eine Firma zusammen,
Dann bist Du einfach gegangen.
Das Geld nahmst Du mit
Und sagtest, dass wir sind quitt.

Ich sollte mich mit dem Betrieb herumschlagen.
Die Schulden tragen.
Diese Last überforderte mich,
Nachdem Du gegangen bist.

Es war zuviel für mich.
Das Kaufmännische blieb immer für Dich.
Ins Straucheln geriet ich.
Und dachte oft an Dich.

Ich begann zu trinken und zu saufen.
Ließ alles sausen und laufen.
Rechnungen zerriss ich
Und Schulden häuften sich.

Rat wusstest Du früher oft,
Dass Du wiederkommst, hatte ich gehofft.
Du kamst nicht
Und ich alles in den Abgrund riss.

Alkohol - der beste Freund?

Ich sitze hier.

Mein liebster Freund das Bier.

In letzter Zeit ging alles schief.

Ich fühlte mich mies.

Freunde verließen mich.

Ich dachte nur noch an Dich.

Unsere Zeit war supertoll

Und Alkohol spielte nie eine Roll.

Dann verließt Du mich.

Es begann der Mist.

Meinen Frust ertränkte ich im Alkohol.

Das war nicht so toll.

Der Schmerz saß so tief,

Dass ich alles so laufen ließ,

Wie es lief.

Ich Hilfe von Freunden wegstieß.

Die Arbeit verlor ich.

Schulden häuften sich.

Die Wohnung war dann auch weg.

Jetzt sitze ich im Dreck.

Ein Traum

Ich stehe vor Dir und traue mich kaum.

Du hast mich umgehaun.

Ich mache wirklich keinen Witz.

Mich begeistert Dein himmlisch schönes Antlitz.

Glaub mir, dass ich habe schon viele gesehn

Aber nicht so schön.

Du bist schon verheiratet, weiß ich,

Deshalb spreche ich nicht an Dich.

Ich möchte nicht schon wieder etwas zerstören.

Dieses Mal muss ich auf meinen Verstand hören,

Da stehe ich nun und bewundere Dich still,

Weil ich das so will.

Immer wieder Gedanken nur an Dich

Hier sitz ich nun und denke an Dich.

Die Erinnerung verfliegt nicht.

Sie verfolgt mich Tag und Nacht.

Seit Deinem Tod ich nichts Rechtes gemacht.

Ich denke immer nur an Dich.

Die Erinnerung verfliegt nicht.

Mein Tatendrang ist verflogen.

Meine Träume zerstoben.

Ich sehe Dich immer noch vor mir,

Aber Du bist nicht mehr hier.

Du tratest ab von dieser Welt,

Weil Du spieltest einen Held.

Schwer und schwerer wird mein Herz.

Ich kann nicht mehr ertragen den Schmerz.

Ich vermisse Dich so sehr.

Komm doch her!

Ich kann nicht ohne Dich leben.
Ich will Dir alle Deine Streiche vergeben.
Ich möchte mich an Dich kuscheln.
Durch Dein Haar wuscheln.

Es ist kein Witz.
Du verstandest mich.
Ich konnte Dir alles sagen.
Ohne Deinen Spott müssen zu ertragen.

Wir hatten Spaß in Masse.
Das war klasse.
Wie Kinder balgten und rauften wir.
Es machte sehr viel Spaß – mir und Dir

Ich bin nun allein auf dieser Welt
Und habe niemanden mehr, der mich hält.
Ich wünschte alles rückgängig zu machen,
Um wieder zusammen mit Dir zu lachen.

Ich frage mich immer wieder, das ist klar.

Wieso ich nicht für Dich da war,

Als Du brauchtest mich,

Pfiff ich auf Dich.

Ich hätte Dich zurückhalten können.

Ich muss jetzt flennen.

Ich vermisse Dich so sehr.

Komm doch wieder her.

Guter Rat teuer

Ich schaue Dich an
Und denke Mann oh Mann.
Die ist aber schön anzusehen.
Ich möchte mit ihr gehen.

Wie mache ich es bloß?
Mit mir ist doch nichts los.
Wieso sollte diese Superfrau mit einem Langweiler gehen?
Für die lässt doch jeder Mann alles stehen.

Die kann doch jeden muskulösen Mann haben,
Nicht nur mich Knaben.
Ich kann nicht lachen.
Was soll ich bloß machen?

Lass ich es krachen?
Soll ich auf cool machen
Und viele andere tolle Sachen?

Kann ich es tun
Ohne meiner Seele wehzutun?
Ohne zu leugnen meine Identität?
Tun muss ich was, sonst ist es zu spät.

Ich gehe einfach zu ihr
Und lade sie ein auf ein Glas Bier.
Sehen werde ich dann,
Was ich machen kann.

Um sie in meinen Bann zu ziehn,
Soll ich vor ihr niederknien?
Ich gehe jetzt zu ihr hin,
Ohne mich niederzuknien.

Seelenqual

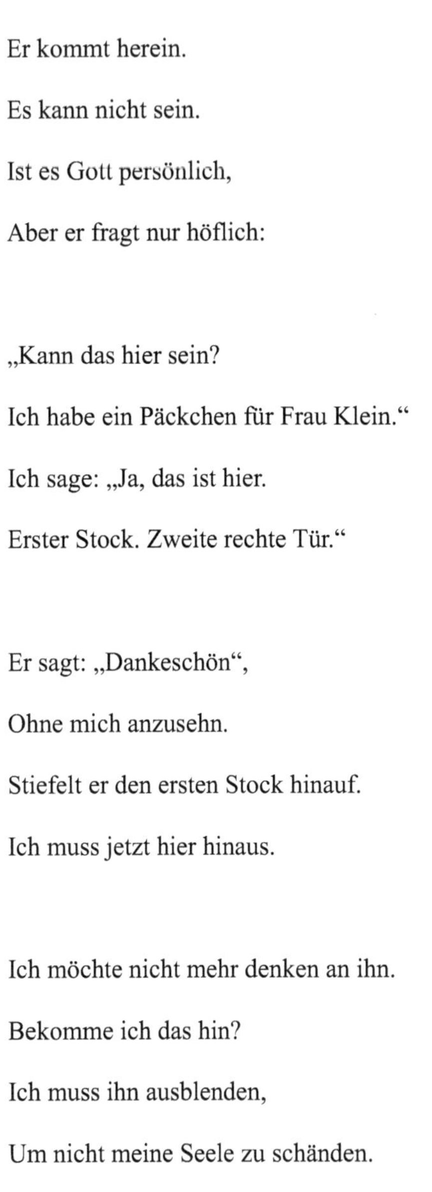

Er kommt herein.

Es kann nicht sein.

Ist es Gott persönlich,

Aber er fragt nur höflich:

„Kann das hier sein?

Ich habe ein Päckchen für Frau Klein.“

Ich sage: „Ja, das ist hier.

Erster Stock. Zweite rechte Tür.“

Er sagt: „Dankeschön“,

Ohne mich anzusehn.

Stiefelt er den ersten Stock hinauf.

Ich muss jetzt hier hinaus.

Ich möchte nicht mehr denken an ihn.

Bekomme ich das hin?

Ich muss ihn ausblenden,

Um nicht meine Seele zu schänden.

Eine Chance vertan

Lässig stehst Du da und schaust mich an.

Ich frage mich, was passiert sodann.

Ich sehe Dich an

Und zoome Dich näher heran.

Schwarze Haare, blaue Augen, schmachtender Blick

Natürlich hast Du es mitgekriegt.

Wir schauen uns an, als wollten wir uns vernichten.

Mitnichten

Du siehst so niedlich aus.

Ich würde Dich nehmen mit nach Haus.

Ich möchte in Deinen Armen liegen.

Kann ich das hinkriegen?

Nun lächelst Du mich an.

Was passiert dann?

Und Du bereitest mir damit großes Glück.

Ich lächele zurück.

Ich möchte Dich am liebsten vernaschen,

Aber auch hassen.

Was nicht sein darf, kann nicht sein

Und damit geh ich heim.

Es war nicht die Lösung dessen.

Ich kann Dich nicht vergessen.

Vor mir sehe ich Dich noch,

Ich altes Arschloch.

Dein Lächeln und Dein Blick

Es gibt kein zurück.

Ich habe keinen Namen und keine Adresse.

Ich versuche, dass ich Dich vergesse.

So ein Mist.

Das geht überhaupt nicht.

Eine zweite Chance wünsche ich mir,

Um zu sein bei Dir.

Warum sprachst Du mich nicht an?

Es wäre leichter gewesen für mich dann,

Dann würden wir jetzt zusammen sein

Und ich nicht so allein.

Intoleranz

Da steh ich nun ich armer Tor.

Stelle mir Deine Figur vor.

Du konntest lachen

Und Späße machen.

Ich liebte Dich sehr.

Dies einzugestehen, fiel mir schwer.

Ich konnte Dich nicht in die Arme nehmen.

Diese Liebe durfte es nicht geben.

Meiner Gefühle wurde ich nicht Herr.

Es fiel mir sehr schwer.

Ich denke immer wieder an Dich.

Tiefe Gefühle überkommen mich.

Die Leute merkten nicht,

Wie es mein Herz zeriss.

Wie zuvor lebte ich weiter -

Lustig und heiter.

Ich wusste genau.

Eine Fassade stellte ich zur Schau.

An den gesellschaftlichen Konsens hielt ich mich.

Trotzdem dachte ich immer wieder an Dich.

Haben die eine Meise?

Das ist doch Scheiße.

Gibt es am Tunnel kein Licht?

Wieso tolerieren sie unsere Liebe nicht?

Alles war zerronnen.

Unsere Liebe würde keine Chance bekommen.

Diese Gesellschaft war der Grund,

Dass sie ging vor die Hund.

Schüchtern

Wir sahen uns an

Und es war wie ein Wahn.

Anlächeln tat ich Dich

Und Du mich.

Was sollte nun geschehen?

Sollte ich auf Dich zugehen?

Mann oh Mann.

Ich sah Dich verzaubert an.

Bezaubernd sahst Du aus.

Ich wünschte, wir wären bei mir zu Haus.

Auf einmal gingst Du nach Haus

Und nichts wurde daraus.

Die ewige Suche nach dem Traumprinz

Sachte wiegt das Blatt im Wind -

Das heilige Kind.

Es schaukelt hin und her

Und macht das Herz mir schwer.

Ich denke an Dich -

Meine kleine Miss.

Bist Du nicht wie dieses Blatt?

Was man alles Gutes hat,

Weißt Du nicht.

Es ist alles Mist.

Hin und her rennst Du.

Kommst nicht zur Ruh.

Nach wem soll ich schauen?

Wem kann ich vertrauen?

Wo finde ich mein Glück?

Dies macht Dich fast verrückt.

Diese Fragen sind sehr wichtig

Und nicht nichtig.

Man findet keine Antworten darauf,

Indem man hin- und hersaust.

Dies musst Du begreifen

Und Deine Chance ergreifen.

Natürlich musst Du Leute kennen lernen -

Im Nahen und Fernen.

Es braucht aber viel Zeit,

Bis es ist soweit.

In kurzer Zeit

Weißt Du nicht Bescheid,

Ob es ist ein Traum

Oder ein Schaum.

Nimm Dir diese Zeit,
Bis es ist soweit.
Kann ich Dir nur empfehlen.
Ein Scheitern kann ich nicht verhehlen.

Dann hast Du Zeit investiert.
Bist die, die verliert.
Du bist aber ganz sicher dann.
Dies ist nicht Dein Traummann.

Du weinst ihm nicht nach.
Es kommt wieder Einer danach.
Das ist nicht schlimm.
Kommt schon hin.

Bei einer kurzen Kennenlernzeit
Ist es vielleicht einmal soweit,
Dass Du vorwirfst Dir,
Zu zeitig zugeschlagen haben die Tür.

Er war doch echt.

Nicht schlecht.

Dann quält Dich Tag und Nacht.

Warum habe ich Schluss gemacht?

Wenn Du alles von ihm weißt,

Ist das Thema nicht so heiß,

Denn Du weißt warum.

Gedanken treiben Dich nicht mehr herum

Machen Dich fast dumm.

Vergessen lassen alles herum.

Erschüttern Dich nicht.

Du siehst aber Licht.

Der Nächste kommt bestimmt.

Wie bestimmt ist der heutige Wind?

Vielleicht ist es dann

Einmal der Traummann.

Nur Du

Schön, dass es Dich gibt.

Du bist süß wie Schokolade.

Schmeckst wie Marzipan.

Du machst mich an.

Ich kann nicht genug von Dir ham.

Dein Mund ist röter als eine Erdbeere

Und ich die Ehre habe,

Ihn zu küssen jeden Tag.

Ich nie genug hab.

Ich will Dich immer küssen.

Ich tue Dich schon vermissen,

Wenn Du weg bist kurz.

Du bist mir nicht schnurz.

Schon 5 Minuten ohne Dich bringen mich um.

Das ist doch nicht dumm.

Das zeugt von großer Liebe zu Dir.

Bleib immer bei mir!

Bitte gehe nicht!
Verlass mich nicht!
Geh nie und nimmer!
Es wird nicht schlimmer.

Ich muss mich zurücknehmen,
Um ohne Dich nicht zu vergehen.
Meine Liebe darf Dich nicht erdrücken,
Sonst beginnt das Stühle rücken,

Dann Du mich verlässt
Und ich vergeh in dem Nest.
Der Rest?

Ich kann nicht mehr leben.
Würde viele Gläser heben.
Den Verstand verlieren,
Und mich von dieser Welt katapultieren.

Zu schön für mich?

Haare wie Seide.

Wie ich Dich beneide.

Golden und fein.

Dir möchte ich nah sein.

Schlanke Gestalt.

Ich will Dich mit Gewalt.

Ich sehe zu Dir immerzu.

Du gibst mir keine Ruh.

Hände zierlich und fein.

Könnten von einem Pianisten sein.

Ich will Dich nehmen zu mir heim.

In den Augen glüht ein Feuer.

Dies ist ungeheuer.

Ungeheuerlich

Nur für mich.

In Deinen Augen versinke ich
Und vergesse mich.
Wie ein Bergsee so klar und blau.
Mir wird flau.

Hört. Hört.
Eine Nase wohlproportioniert.
Wegschauen kann ich nicht.
Du reizt mich.

Dein Kussmund
So wohlgeformt und rund.
Ich einfach müssen
Dich sogleich küssen.
Das tue ich auch.
Nichts wie drauf.

Immer nur Du

Es war knapp.

Du stürzest ab.

Halten konnte ich Dich nicht.

Dachte aber immer wieder an Dich.

Ich kann nicht loslassen.

Soll ich Dich hassen?

Nein, das kann ich nicht.

Ich denke nur an Dich.

Du warst mein Alles und Ein.

Musste das sein?

Was war damals geschehen?

Ich kann es nicht verstehen.

Ich begreife es nicht.

Denke nur an Dich.

Nur wir

Ich vermisste Dich die ganze Zeit.

Jetzt ist es endlich soweit.

Es ist Kuschelzeit,

Dann bin ich wieder weg so weit,

Deshalb nutzen wir die Zeit.

Und verbringen sehr viel zu Zweit.

Niemand kann sich zwischen uns drängen

Und uns trennen.

Wir werden unsere Zeit genießen

Und unsere Liebe begießen.

Unerfüllte Liebe

Da liege ich nun

Und frage mich, was zu tun.

Ich habe Dich gesehen.

Willst mir nicht mehr aus dem Kopf gehen.

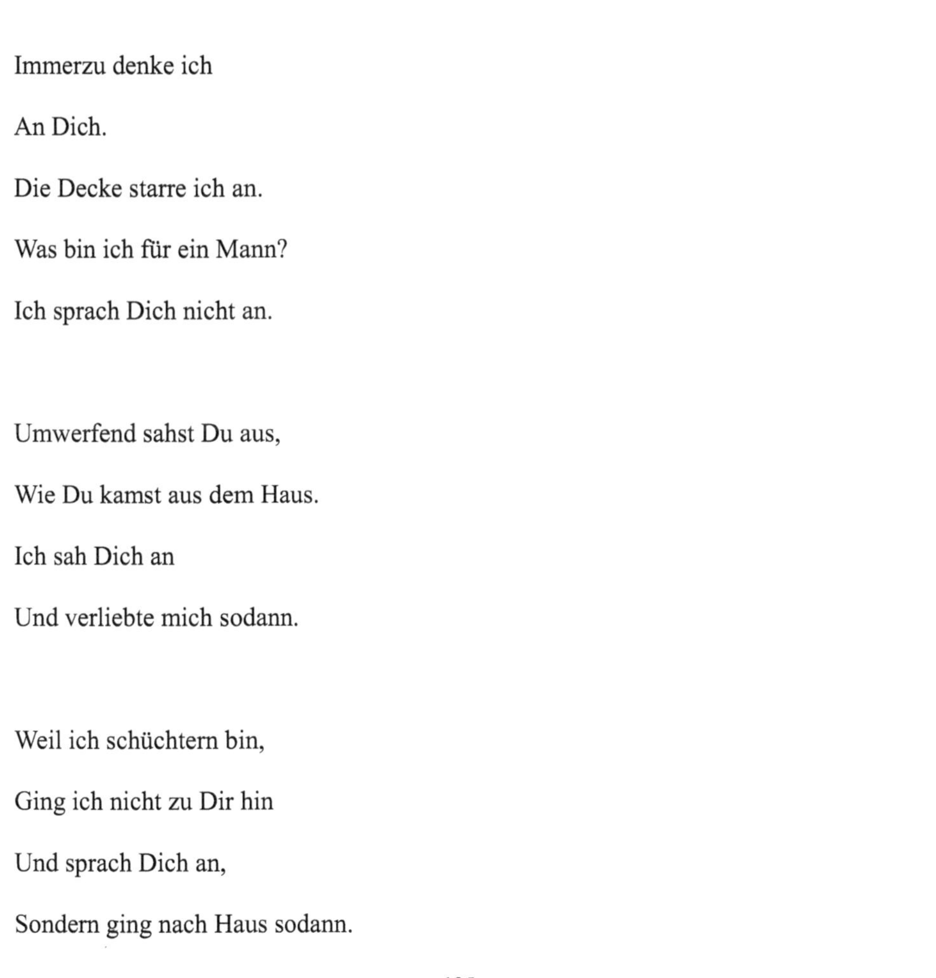

Immerzu denke ich

An Dich.

Die Decke starre ich an.

Was bin ich für ein Mann?

Ich sprach Dich nicht an.

Umwerfend sahst Du aus,

Wie Du kamst aus dem Haus.

Ich sah Dich an

Und verliebte mich sodann.

Weil ich schüchtern bin,

Ging ich nicht zu Dir hin

Und sprach Dich an,

Sondern ging nach Haus sodann.

Printed by Books on Demand GmbH, Norderstedt / Germany